Bibliografische Information der Deutschen Nationalbibliothek:

Die Deutsche Bibliothek verzeichnet diese Publikation in der Deutschen National-
bibliografie; detaillierte bibliografische Daten sind im Internet über http://dnb.d-
nb.de/ abrufbar.

Impressum:

Copyright © 2006 GRIN Verlag, Open Publishing GmbH
Druck und Bindung: Books on Demand GmbH, Norderstedt Germany
ISBN: 9783638767996

Dieses Buch bei GRIN:

http://www.grin.com/de/e-book/66438/architekturbewertung-und-qualitaetssiche-
rung-atam-im-vergleich

Arthur Kaiser

Architekturbewertung und Qualitätssicherung - ATAM im Vergleich

GRIN Verlag

GRIN - Your knowledge has value

Der GRIN Verlag publiziert seit 1998 wissenschaftliche Arbeiten von Studenten, Hochschullehrern und anderen Akademikern als eBook und gedrucktes Buch. Die Verlagswebsite www.grin.com ist die ideale Plattform zur Veröffentlichung von Hausarbeiten, Abschlussarbeiten, wissenschaftlichen Aufsätzen, Dissertationen und Fachbüchern.

Architekturbewertung und Qualitätssicherung

ATAM im Vergleich

Ausarbeitung im Rahmen der Vorlesung
Softwarearchitekturen und Qualitätssicherung
WiSe 06/07
FH Brandenburg

von

Dipl. Inform. (FH) Arthur Kaiser

Inhaltsverzeichnis

1 Einleitung

Die Bewertung einer Softwarearchitektur ist Teil des Entwicklungsprozesses und trägt maßgeblich zur Fehlererkennung in der Designphase bei. Dabei sollen Qualitätskriterien überprüft und Fehler bereits vor der Implementierung beseitigt werden, was zeit- und kostenaufwendige Überarbeitungen vermeidet (vgl. [PoBiGe04] S. 169 ff).

Die Bewertung kann zu unterschiedlichen Zeitpunkten und mit variabler Tiefe eingesetzt werden. Eine Klassifizierung wird nach Posch, Birken und Gerdom (vgl. [PoBiGe04] S. 172) in folgende Kategorien vorgenommen werden:

- Umfangreiches, szenariobasiertes Assessment

- Discovery Review

- Gezielte Überprüfungen

- Ad-hoc-Bewertungen

Zu den umfangreichen, szenariobasierten Methoden wird die Architecture Tradeoff Analysis Method (ATAM) gezählt, welche im Folgenden betrachtet wird. Einige Elemente werden anschließend mit anderen Bewertungsmethoden verglichen.

2 ATAM

ATAM ist eine Weiterentwicklung der in [BaPaKa99] beschriebenen SAAM-Methode. Die nachfolgende Betrachtung basiert im Wesentlichen auf der Beschreibung von ATAM in [BaPaKa04]. Die Bewertung vollzieht sich in vier Phasen:

Phase 0: Vorbereitung

Phase 1: Architekturzentrierte Bewertung

Phase 2: Stakeholderzentrierte Bewertung

Phase 3: Nachbearbeitung

In den Bewertungsphasen eins und zwei werden insgesamt 9 Schritte durchlaufen, wobei
Schritt 1-6 in die Phase eins und Schritt 7-9 in die Phase zwei entfallen. Weiterhin können
diese Schritte in Präsentation, Recherche und Analyse, Test und Report gruppiert werden. Die
nachfolgende Tabelle 2-1 stellt diese Zusammenhänge da.

Phase	Gruppe	Schritt
Phase 0		
Phase 1	Präsentation	ATAM präsentieren
		Geschäftsziele präsentieren
		Architektur präsentieren
	Recherche und Analyse	Architekturansätze identifizieren
		Utility Tree erstellen
		Architekturansätze analysieren(1)
Phase 2	Test	Szenario Brainstorming
		Architekturansätze analysieren(2)
	Report	Ergebnisse präsentieren
Phase 3		

Tabelle 2-1: Übersicht der Phasen, Schrittgruppen und Schritte

2.1 Phase 0: Vorbereitung

In der Vorbereitungsphase werden die organisatorischen Aspekte besprochen. Zunähst wird
die Zusammenarbeit zwischen Projekt- und Bewertungsteam festgelegt. Die Bewertungsme-
thode und die Notwendigkeit der Bewertung werden erläutert. Anschließend wird ein Bewer-
tungszeitplan erstellt, der die vorgesehenen Sitzungstermine und den Zeitrahmen für die Bewertung enthält und sicherstellen soll, dass zum geplanten Zeitpunkt alle benötigten Personen
verfügbar sind. Weiterhin wird festgelegt, welche Rollen welcher Personen zugewiesen werden. Im Folgenden werden die einzelnen Rollen und ihre Funktion beschrieben.

Der Teamleiter ist Hauptverantwortlicher für den Ablauf und das erzielte Ergebnis. Er trifft Absprachen mit dem Projektteam bzw. Projektvertretern über die zu erzielenden Ziele und Ergebnisse. Außerdem stellt der Teamleiter das Bewertungsteam zusammen.

Der Bewertungsleiter führt und koordiniert die Bewertung. Er wirkt außerdem unterstützend an der Ausarbeitung der Szenarien mit und koordiniert sie.

Der Szenarioschreiber erfasst die Szenarien während der Diskussion vom Flip-Chart und hält diese exakt und eindeutig formuliert fest.

Der Protokollführer hält die Diskussion sowie gefundene Szenarien in elektronischer Form fest, verteilt diese Protokolle an alle Beteiligten und dokumentiert im weiteren Verlauf die Architekturlösungen für jedes Szenario.

Der Zeitüberwacher achtet auf die Einhaltung des Zeitplans und unterbricht ggf. die Diskussion. Er unterstützt somit den Bewertungsleiter bei seiner Tätigkeit.

Der Prozessbeobachter trägt nicht zur eigentlichen Bewertung bei. Er beobachtet den Verlauf, macht sich Notizen und gibt nach der Bewertung eine Zusammenfassung ab. Diese enthält eine Bewertung des Bewertungsverlaufs selbst, sowie Verbesserungsvorschläge zu suboptimalen Abläufen. Das hilft dem Bewertungsteam dabei, die Qualität der Bewertung fortlaufend zu verbessern.

Der Prozessüberwacher unterstützt den Bewertungsleiter bei der Einhaltung der Schritte und erinnert ihn ggf. an den nächsten Schritt.

Der Fragensteller bringt Fragen zur Architektur in die Diskussion ein, die von den Stakeholdern nicht bedacht werden.

Die Vorbereitungsphase endet mit einer Abschlussbesprechung in welcher das weitere Vorgehen, beteiligte Personen aus dem Projekt an der Phase eins sowie Stakeholder an der Phase zwei festgelegt werden.

2.2 Phase 1: Architekturzentrierte Bewertung

In der Phase eins werden die ersten sechs ATAM-Schritte durchlaufen. Dabei sind außer dem Bewertungsteam nur wenige Schlüsselpersonen aus dem Projektteam beteiligt.

Zunächst erläutert der Bewertungsleiter die ATAM-Methode den beteiligten Projektrepräsentanten. Insbesondere wird dabei auf die verwendeten Techniken eingegangen und die Art der Ergebnisse dargestellt. Weiterhin stellt er deren Erwartungen fest und beantwortet auftretende Fragen.

Im nächsten Schritt stellt ein Projektvertreter die maßgeblichen wirtschaftlichen Projektziele vor. Diese sind für den Erfolg des Projektes entscheidend und müssen von der Architektur berücksichtigt werden. Die Präsentation kann beispielsweise die wichtigsten Funktionen des Systems, technische, wirtschaftliche, politische und weitere Einschränkungen sowie die entscheidenden Stakeholder beinhalten.

Nachfolgend stellt der Architekt die Systemarchitektur, wenn möglich unter Berücksichtigung der Aussagen aus dem zweiten Schritt, vor. Der Detaillierungsgrad ist dabei abhängig von dem, was der Architekt als für die Bewertung genügend ansieht. Dabei wird er außerdem von solchen Faktoren wie Präsentationsdauer, Detaillierungsgrad der Dokumentation und Umfang der Architektur beeinflusst. Der Architekt erläutert, wie sich Anforderungen in der Architektur widerspiegeln.

Darauf aufbauend werden im vierten Schritt die angewandten Architekturansätze identifiziert. Dabei geht er explizit auf die angewandten Lösungsansätze, Muster, Architekturstiele sowie wesentlichen Strukturen und Ansätze ein, durch welche die angestrebten Qualitätsmerkmale erfüllt werden sollen.

Im nächsten Schritt wird durch das Projekt- und Bewertungsteam ein Utility Tree erstellt. Dabei werden die wesentlichen Einflussfaktoren identifiziert, verfeinert und priorisiert. Dabei werden die bereits gewonnenen Ergebnisse aus der Spezifikation der Einflussfaktoren verwendet. Diese werden jedoch dabei kritisch hinterfragt und gegebenenfalls abgeändert oder ergänzt. Jeder Faktor erhält außerdem eine Bewertung zur Wichtigkeit und Aufwand der Umsetzung. Die Bewertung der Wichtigkeit erfolgt durch die Stakeholder, die des Aufwandes durch den Architekten. Dabei werden die Attribute hoch, mittel und niedrig vergeben.

Der Utility Tree stellt diese Einflussfaktoren graphisch da. Die nachfolgende Abbildung 2-1 stellt ein Beispiel eines solchen Trees da.

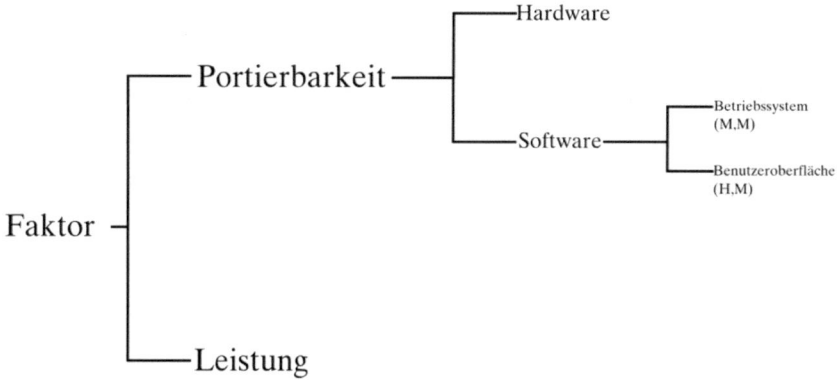

Abbildung 2-1: Utility Tree nach [PoBiGe04]

Das Bewertungsteam konzentriert sich auf die Szenarien mit hoher Einstufung. Die Szenarien mit einer geringeren Einstufung als M,M werden aus Kosten-Nutzen-Gründen nicht behandelt. Falls noch Zeitreserven zur Verfügung stehen, werden die mit M,M eingestuften Szenarien diskutiert.

Im letzten Schritt der Phase eins werden die Architekturansätze analysiert. Ziel der Analyse ist es, zwischen den wichtigsten Szenarien mit den entsprechenden Architekturansätzen eine Verbindung herzustellen und zu belegen, dass die Architektur die Szenarien erfüllen kann.

Zunächst werden diese Verbindungen vom Architekten hergestellt. Er stellt für jedes Szenario die entsprechende Architekturentscheidung da. Die Beteiligten hinterfragen anschließend intensiv für jedes Szenario die getroffene Entscheidung. Dabei können die Analysefragen spontan gestellt werden, auf frühere Erfahrungen basieren oder der Fachliteratur entnommen sein.

Das Bewertungsteam muss von der Architekturentscheidung überzeugt werden. Dies geschieht, indem so viele Architekturinformationen wie möglich für die Verbindung zwischen Architekturentscheidung und Szenario gesammelt werden.

Die Ergebnisse dieses Schrittes werden in folgender Form dokumentiert:

- Liste der wichtigsten Szenarien und den dazugehörigen relevanten Architekturansätzen

- Liste der gestellten Analysefragen und den dazugehörigen Antworten des Architekten

- Aufstellung der Risiken, Nichtrisiken, Sensitivity Points und Tradeoff Points

Risiken sind Aspekte der Architektur, die sich während der Analyse als problematisch erwiesen haben. Nichtrisiken sind Aspekte, die explizit als gut erkannt wurden und bei einer späteren Überarbeitung der Architektur nicht verloren gehen sollen. Zuzüglich sollen die Annahmen, auf dessen Grundlage eine Bewertung vorgenommen wurde, mit dokumentiert werden, um bei einer Änderung dieser die Bewertung zu überprüfen. Weiterhin sollen die Argumente für die Einstufung in eine der beiden Kategorien notiert werden.

Die Eigenschaft von einem oder mehreren Architekturbausteinen, welche essentiell für die Erfüllung eines bestimmten Einflussfaktors ist, wird als Sensitivity Point bezeichnet. Werden mehrere Faktoren durch eine Eigenschaft erfüllt, bezeichnet man diese als Tradeoff Point. Bei diesen handelt es sich um die kritischsten Entscheidungen in der Architektur, weshalb Änderungen daran mit besonderer Umsicht durchgeführt werden müssen.

2.3 Phase 2: Stakeholderzentrierte Bewertung

Nach der Überarbeitung der Architektur aufgrund der in Phase eins gefundenen Fehler, wird die Bewertung mit mehr und bisher nicht beteiligten Stakeholdern fortgeführt. Das Ziel dieser Phase ist, die vorherigen Ergebnisse zu verifizieren und ggf. weiterführende Analysen durchzuführen.

Zunächst wird der erste Schritt nochmals wiederholt, um sicher zu stellen, dass alle Beteiligten mit dem Verfahren vertraut sind. Anschließend werden die Schritte zwei bis sechs kurz zusammengefasst, um die Grundlagen für weitere Schritte darzustellen.

Nachdem dies erledigt wurde, folgt im Schritt sieben ein Szenario-Brainstorming. Dabei können bereits in einem früheren Schritt erarbeitete Szenarien gefunden werden, aber auch neue dazu kommen. Anschließend werden die Szenarien durch eine öffentliche Abstimmung priorisiert, was neue Diskussionen auslösen kann. Nach [ClKaKl02] bekommt dabei jeder Stakeholder in Relation zur Anzahl der Szenerien gerundet 30% Stimmen, die er frei, d.h. auch alle Stimmen an ein Szenario, vergeben kann. Ergeben sich durch die Abstimmung größere Unterschiede zur Priorität gleicher Szenarien im Utility Tree so weist das auf Unstimmigkeiten zwischen Stakeholdern und Architekten hin.

Während dieses Schrittes greift der Bewertungsleiter Impuls gebend in den Prozess ein. Wegen seines Hintergrundwisses aus Phase eins kann dieser beispielsweise bestimmte Qualitätsmerkmale in die Runde einbringen und dadurch die die Richtung bei der Szenariosuche lenken. Neben den reinen Anwendungsfallsszenarien sollten bei der Suche auch Szenarien für Änderungsfälle gefunden werden. Anschließend wird der Utility Tree durch neue Szenarien ergänzt sowie ggf. die Priorität der bestehenden Szenarien angepasst.

Der folgende Schritt verläuft analog zu Schritt sechs. Als Analysegrundlage dienen jedoch die vorher erarbeiteten Szenarien aus der Stakeholdersicht. Idealerweise kann der Architekt einen Großteil der Argumente aus dem sechsten Schritt wiederholen. Völlig neue Aspekte müssen an dieser Stelle genauer untersucht werden. Die Ergebnisse dieser Phase stellen die Qualität der Ergebnisse der Phase eins da und zeigen ggf. Defizite bei der Einschätzung und nicht berücksichtigte Punkte auf.

Der letzte Schritt in Phase zwei ist die Präsentation der Ergebnisse. Dies geschieht unabhängig vom ausführlichen Bericht in Phase drei. Der Bewertungsleiter fasst die Ergebnisse der Bewertung für alle Beteiligten zusammen und stellt Risikothemen vor. Die

Risikothemen sind anhand eines gemeinsamen Merkmals gruppierte Einzelrisiken. Idealerweise passen die Risikothemen zu den im Vorfeld der Bewertung ausgearbeiteten Architekturthemen. Anschließend wird für jedes Risikothema durch das Bewertungsteam festgestellt, welche Geschäftsziele in ihrer Realisierung dadurch bedroht sind. Damit schließt sich der Kreis zu den ersten Schritten.

2.4 Phase 3: Nachbearbeitung

In dieser letzten Phase wird ein umfassender Abschlussbericht erstellt. Dieser umfasst die Aktivitäten in der Bewertungsphase, gefundene Risiken, Schwachpunkte (Sensitivity Points), Kompromisspunkte (Tradeoff Points) und abgeleitete Schlussfolgerungen.

Neben den Ergebnissen der Bewertung wird der Bewertungsprozess beleuchtet. Dazu werden Daten wie Ablaufinformationen, Verbesserungsansätze, Kosten-Nutzen-Daten usw., von allen Beteiligten gesammelt, die für eine spätere Prozessoptimierung verwendet werden können.

Weiterhin werden Artefakte archiviert, die bei einer späteren Bewertung wieder verwendet werden können. Zu diesen gehören insbesondere die gefundenen Szenarios. Diese können mit der Zeit zu einer Gruppe zusammengefasst werden, die sich für eine bestimmte Domäne eignet. Weitere Artefakte sind Architekturstiele und Argumente für die Eignung zur Lösung einer bestimmten Problemstellung sowie gestellte Fragen und die dazugehörigen Antworten für das beleuchten der Zusammenhänge.

Sekundäre Ergebnisse sind weiterhin eine bessere Dokumentation und Verständnis der Architektur, sowie eine verbesserte Kommunikation zwischen Architekten, Entwicklern und Stakeholdern.

3   Vergleich mit anderen Bewertungsverfahren

Neben ATAM existieren weitere Bewertungsmethoden, die auf einige spezielle Aspekte der Architektur ausgerichtet sind bzw. diesen eine hohe Priorität einräumen. Nach [Al03] und [DoNi02] gibt es mehrere Erweiterungen von SAAM wie SAAMCS, ESAAMI sowie SAAMER.

3.1   ALPSM

Eine weitere Methode ist die Architecture Level Prediction of Software Maintenance (ALPSM). Diese konzentriert sich auf den Aspekt der Flexibilität der Architektur und basiert, wie ATAM, ebenfalls auf Szenarien. Allerdings wird die Methode nur vom Architekten ausgeführt.

Zunächst werden mögliche Anpassungen in Kategorien eingeteilt und im zweiten Schritt die entsprechenden Szenarien ausgearbeitet. Wie bei ATAM werden diese anschließend gewichtet. Danach wird der Umfang aller betroffenen Elemente geschätzt. Die Schätzung kann beispielsweise auf Erfahrungswerten oder einer Metrik basieren. Anschließend werden die Szenarien dokumentiert und der Änderungsaufwand geschätzt.

Diese Methode kommt am Ende der Architekturphase zum Einsatz. Die bereits geforderten Qualitätsmerkmale werden von ihr nicht berücksichtigt, jedoch können mit dieser die im ATAM-Schritt sieben gefundenen Szenarien aus der Architektensicht vervollständigt werden.

3.2   SAEM

Eine streng qualitätsmerkmal-orientierte Methode ist das Software Architecture Evaluation Model (SAEM). Diese basiert auf der Definition einer Qualitätsmetrik, welche auf der Ziel-Frage-Metrik basiert. Das Ziel ist, herauszufinden, ob die Architektur die geforderten Qualitätsmerkmale erfüllt.

Die Qualitätsmerkmale werden in die interne und externe Kategorie eingeteilt. Die Kategorie der internen Merkmale bildet die Entwicklersicht ab. Diese Kategorie beinhaltet spezielle Aussagen zu beispielsweise Funktionen oder Datenelementen, geforderten Qualitätseigen-

schaften sowie aus dem Entwicklungsprozess resultierenden, tatsächlichen Eigenschaften wie
Größe, Komplexität, Kopplung und Abhängigkeiten.

Die externe Kategorie spiegelt die Sicht der Stakeholder wieder. Das Know-how und die Er-
fahrungswerte eines Unternehmens werden verwendet, um die externen Qualitätsmerkmale
auf die Merkmale der internen Kategorie zu übertragen. Die interne Kategorie wird dabei
durch die Softwarearchitektur repräsentiert. Die Methode setzt, wie bei ATAM, eine bereits
bestehende Architektur voraus, kann also erst zu einem späten Zeitpunkt eingesetzt werden.

3.3 Bewertungsmethoden für frühe Architekturentwurfsphasen

In der Architekturentwurfsphase kommen Verfahren, die bedeutend weniger Aufwendig sind
zu Einsatz. Mit diesen sollen Entscheidungen über Teile der Architektur oder elementare Ar-
chitekturenscheidungen bewertet werden. Nach [PoBiGe04] werden diese in die Kategorien
Discovery Review, gezielte Überprüfungen und Ad-hoc-Bewertungen eingeordnet.

Das Discovery Review ist eine leichtgewichtige, szenariobasierte Methode. Diese wird am
Ende des ersten Drittels der Erstellungsphase, also vor einem umfangreichen Assessments wie
ATAM durchgeführt. Zu diesem Zeitpunkt wurden zwar alle Grundsatzentscheidungen ge-
troffen, können aber weniger aufwendig geändert werden. Die Bewertung wird durch einen
viel kleineren Personenkreis vorgenommen und es kann außerdem auf ein externes Bewertungsteam verzichtet werden. Die Ergebnisse sollen aufzeigen, ob die bisher getroffenen Entscheidungen richtig gewesen sind bevor der Architekt die Architektur detaillierter ausarbeitet.

Gezielte Überprüfungen werden ebenfalls in einer frühen Phase angewendet. Diese sollen
sicherstellen, dass die Architektur bezüglich bestimmter Risiken, die Qualitätsmerkmale erfüllt. Bei der Überprüfung werden Prototypen, mathematischen Modellen oder Simulationen
verwendet.

Ad-hoc-Bewertungen können durch den Architekten während der gesamten Entwurfsphase
durchgeführt werden. Diese Bewertungen dienen dazu, entstehende Unsicherheiten auszu-
räumen. Dabei können sowohl Szenarien als auch Prototypen, mathematischen Modellen oder
Simulationen und logisches Schlussfolgern eingesetzt werden. Der Architekt kann die Bewertung allein, mit partiellem oder komplettem Architektenteam durchführen. Die Ergebnisse
werden in einem Protokoll für eine spätere Verwendung festgehalten.

4 Fazit

Der Qualitätssicherung im Architekturentwurfsprozess kann in jeder Phase durchgeführt werden. Die Methode, welche eingesetzt wird ist für jede Phase individuell zu bestimmen. Dabei
muss der Nutzen den entstehenden Aufwand übersteigen. Wichtig ist nach jeder Bewertung
die Dokumentation der Ergebnisse, damit diese in jeder späteren Phase berücksichtigt werden
können.

5 Quellenverzeichnis

[Al03]	Albin, Stephen, T.: The Art of Software Architecture: Design Methods and Techniques. Wiley Publishing 2003.
[BaPaKa04]	Bass, Len; Clements, Paul; Kazman, Rick: Software Architecture in Practice. 2. Auflage. Addison Wesley 2004.
[BaPaKa99]	Bass, Len; Clements, Paul; Kazman, Rick: Software Architecture in Practice. Boston, MA 1999.
[ClKaKl02]	Clements, Paul; Kazman, Rick; Klein, Mark: Evaluating Software Architectures: Methods and Case Studies. Addison Wesley 2002.
[DoNi02]	Dobrica, Liliana; Niemelä, Eila: A Survey on Software Architecture Analysis Methods. IEEE Transactions on Software Engineering 28. No. 7. 638-653, 07.2002.
[PoBiGe04]	Posch, Torsten; Birken, Klaus; Gerdom, Michael: Basiswisssen Softwarearchitektur. Verstehen, entwerfen, bewerten und dokumentieren. Heidelberg: dpunkt-Verlag, 2004.